# PUEDO SER
# COCINERO

por Ann Heinrichs Tomchek

Preparado bajo la dirección de Robert Hillerich, Ph.D.
Traductora: Lada Josefa Kratky
Consultante: Dr. Orlando Martinez-Miller

CHILDRENS PRESS®
CHICAGO

Library of Congress Cataloging-in-Publication Data
Tomchek, Ann Heinrichs.
 Puedo ser cocinero.

 (Incluye un índice.)
 Resumen: Explora el mundo de las personas que se ganan la vida cocinando, haciendo notar los lugares en que trabajan y lo que hacen al preperar comidas.
 1. Cocina—Orientación vocacional—Literatura infantil.
 2. Cocineros—Literatura infantil. [1. Cocineros.
 2. Cocina. 3. Profesiones] I. Título.
TX652.J645  1985     641.5'7'o23    85-11016
 ISBN 0-516-31886-1

Childrens Press®, Chicago
Copyright ©1988, 1985, by Regensteiner Publishing Enterprises, Inc.
All rights reserved. Published simultaneously in Canada.
Printed in the United States of America.
1 2 3 4 5 6 7 8 9 10 R 95 94 93 92 91 90 89 88

Para Mamá y Jeffrey

# DICCIONARIO ILUSTRADO

mercado

hornear    freír    cocer al vapor    hervir

receta

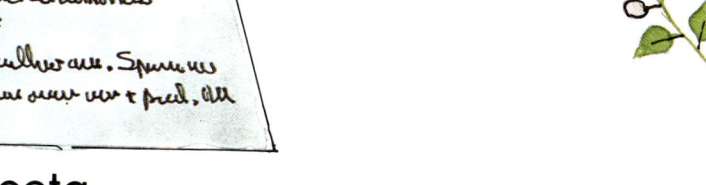

especias

pastelero  primer cocinero  poissonier

uniforme

clientes

Preparando una fiesta en 1592 (arriba)
Cocineros trabajando 1893 (derecha)

En Francia, hace muchos años, un príncipe organizó una gran fiesta para el rey. El cocinero del príncipe cocinó por doce días y noches sin dormir. Preparó cada tipo de ave y bestia que pudo encontrar en esa tierra.

Por fin llegó el día de la fiesta. Pero, ¿dónde estaba el pescado? El cocinero había encargado centenares de pescados pero no había llegado ni uno.

El cocinero sabía que había fracasado. Sin pescado, la fiesta para el rey no estaría completa. Sigilosamente, el cocinero se metió en su pequeño cuarto, desenvainó la espada y se mató.

Hoy en día, no muchos cocineros tienen que preocuparse de cocinar para reyes. La mayoría de los cocineros trabajan en restaurantes.

Cocinan para la gente común y corriente a la que le gusta una buena comida. Otros cocineros trabajan en hoteles, escuelas y hospitales—aun en barcos y trenes.

Los cocineros trabajan mucho para dar de comer a centenares de personas.

Los cocineros todavía trabajan mucho. Pueden trabajar desde la mañana hasta bien tarde en la noche o los fines de semana o durante los días de fiesta cuando las demás personas no trabajan.

En el mercado un cocinero revisa bien la fruta y los vegetales para asegurarse de que está comprando lo mejor.

Algunos cocineros empiezan a trabajar a las cuatro o cinco de la mañana. Van al mercado a comprar vegetales y pescado. Compran la mejor comida que pueden encontrar cada día.

mercado

hornear    freir    cocer al vapor    hervir

Después de hacer las compras, comienza el verdadero trabajo para los cocineros. Inspeccionan cada fruta y vegetal que compraron. Revisan cada pedazo de pescado y de carne. Después se hacen preguntas.

—¿Lo horneo? ¿Lo frío? ¿Lo cuezo al vapor, lo hiervo o lo sirvo crudo?

Los cocineros pasan muchas horas cortando y picando (izquierda) antes de empezar a cocinar. Enormes hornos (derecha) pueden hornear muchos platos a la vez.

Los cocineros deben saber preparar cada plato de modo que tenga el mejor sabor. Deben saber qué especias le dan el mejor sabor a cierto plato.

Algunos cocineros usan una receta. Una receta es

especias

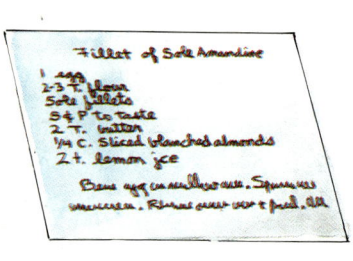
receta

una lista de instrucciones para preparar algo. Pero muchos cocineros cocinan sin receta. Pueden preparar docenas y docenas de platos sin leer las instrucciones.

Los cocineros también deben saber presentar un plato de manera que se vea atractivo. A esto se le llama la presentación. Por ejemplo, no ponen carne,

Una mesa llena de comida en el restaurante de un hotel.

papas y vegetales en un
plato de cualquier manera.
Ponen cada comida en el
plato cuidadosamente como
un artista que arregla
los colores en un cuadro.

 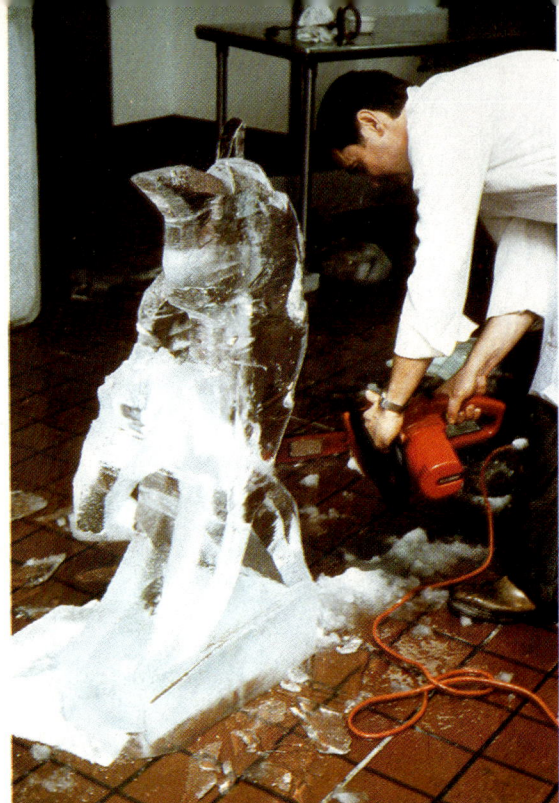

Un cocinero a cargo de la sopa (izquierda) y un cocinero esculpiendo un trozo de hielo en forma de pájaro (derecha)

Un restaurante grande puede tener muchos cocineros. Cada cocinero tiene un trabajo especial. Un cocinero hace la sopa. Otro hace los postres. Otro prepara el pescado.

Un cocinero con una bandeja de postres (izquierda)
y un cocinero cortando carne (derecha)

Otro prepara la carne.

Otro hace las salsas.

Otro hace las ensaladas.

Y después, está el primer cocinero.

El primer cocinero está a cargo de la cocina

primer cocinero

El primer cocinero planea la comida de cada día y les da instrucciones a los otros cocineros.

entera. Es el trabajo del primer cocinero planear el menú, o la lista de platos que se servirán cada día. El primer cocinero también encarga toda la comida, decide cómo se debe preparar y supervisa a los otros cocineros para asegurarse de que la comida esté lista a tiempo.

El primer cocinero debe pensar y actuar rápidamente. Supón que una noche, doscientas personas quieren comer en el restaurante. El plato especial del día es pato con salsa de ciruela y

clientes

la mayoría de los clientes pide ese plato. Pero al cocinero de las salsas se le acaban las ciruelas.

   El primer cocinero se pone a pensar. —¿Hay algún mercado abierto a estas horas? ¿Quién me puede prestar algunas ciruelas? ¿Le pedimos a la gente que escoja otro plato?

Algunos platos se preparan en máquinas enormes (izquierda) y otros se preparan a mano (derecha).

Entonces el primer cocinero se acuerda de que esa noche sirven tarta de ciruelas como postre. El pastelero le podría dar unas ciruelas al cocinero de salsas. ¿No?

El primer cocinero ha decidido que sería mejor que se le acabara el postre que el plato principal.

pastelero

Al cocinero que prepara los postres se le llama pastelero. Los pasteleros hacen hermosos y sabrosos pasteles, tartas, budines,

Los pasteleros hacen postres que se ven atractivos y tienen un sabor delicioso.

dulces, galletitas y helados. Pueden hacer algo muy ornamental al preparar un postre que se parece a una flor o a un cisne.

Un pastelero que vivió hace cien años fue el más estravagante de todos. Hacía postres tan grandes como edificios. Hacía postres que se parecían a castillos, torres, estatuas, fuentes e instrumentos musicales. Y lo hacía todo de pastel, dulce, azúcar y caramelos.

A los cocineros que preparan el pescado se les llama *poissoniers*.

Es una destreza especial quitar las espinas a los pescados.

(*Poisson* quiere decir *pescado* en francés.) Deben saber quitar las espinas a un pescado con unos pocos cortes del cuchillo. Esto es difícil porque diferentes tipos

poissonier

de pescados tienen espinas en diferentes lugares.

Los cocineros deben ser fuertes y sanos. A veces tienen que permanecer parados por muchas horas. Levantan cajas y ollas pesadas. Trabajan donde hace mucho calor.

Los cocineros se ponen trajes o uniformes especiales. Se ponen chaquetas blancas espaciosas. Los uniformes blancos ayudan a los

Los cocineros se ponen uniformes blancos y sombreros altos para no tener tanto calor en las cocinas calurosas.

cocineros a no tener tanto calor en la cocina. Muchos cocineros también se ponen unos sombreros altos. El sombrero sirve como tubo de una estufa. Ayuda a refrescarle

uniforme

 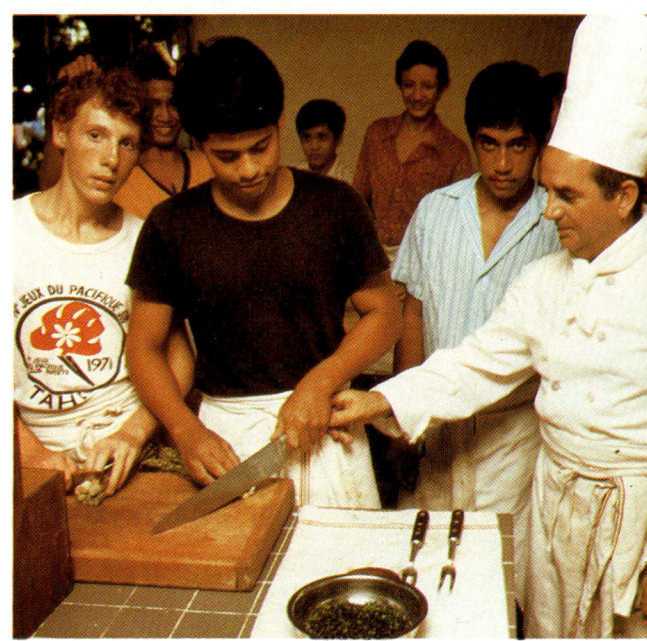

Estudiantes en una escuela para cocineros en Austria (izquierda) y en Tahití (derecha)

la cabeza al cocinero.

Algunos cocineros van a escuelas para cocineros para aprender a cocinar. Otros empiezan trabajando en restaurantes. Aprenden trabajando. Mientras más aprenden, mejores trabajos

Julia Child, una cocinera conocida en el mundo entero, haciendo bollos de crema con una bolsa pastelera

consiguen.

Algunos cocineros son casi como estrellas de cine. Escriben libros de recetas, dan clases y tienen sus propios programas de televisión.

¿Te gustaría ser cocinero algún día? Puedes empezar ahora, usando las recetas que tienes en casa. Sigue las instrucciones para prepararles algo sabroso a tu familia y a tus amigos.

Un cocinero les muestra un plato a sus clientes.

Cuando hayan comido lo que cocinaste, sabrás por qué los cocineros gozan de su trabajo. Les gusta oír a la gente decir —Mmmm, ¡estuvo delicioso!

## PALABRAS QUE DEBES SABER

**clientes**—gente que compra algo. En un restaurante, los clientes compran la comida y el servicio de los que hacen y sirven la comida.

**cocer al vapor**—cocer algo en el vapor que sale del agua hirviente

**crudo**—no cocido

**escuela para cocineros**—escuela en la que la gente aprende las destrezas que se necesitan para ser cocinero

**especias**—partes de plantas o productors químicos que se usan para darle un sabor especial a la comida. La sal y la pimienta son especias.

**freir**—cocer en una sartén que contiene un poco de aceite o grasa. También se puede freir sumergiendo la comida en aceite o grasa.

**hervir**—cocer algo poniéndolo en agua u otro líquido hirviente

**hornear**—cocer algo en el calor seco de un horno

**menú**—lista de todos los platos que se sirven en un restaurante

**pastelero**—cocinero que prepara los postres

**poissonier**—cocinero que prepara el pescado

**presentación**—manera de arreglar una o más comidas en el plato

**primer cocinero**—el cocinero que está a cargo de la cocina entera

**receta**—lista de instrucciones para preparar algo

**restaurante**—lugar público donde se come

**salsa**—líquido, compuesto de ingredientes, que le dan sabor a la comida

**uniforme**—ropa especial que se pone la gente en ciertos trabajos

## INDICE

barcos, 7
carne, 10, 12, 15
clientes, 18
cocinero de salsas, 18, 19
crudo, 10
día de trabajo del cocinero, 9
escuela para cocineros, 26
escuelas, 7, 26
especias, 11
espinas, de un pescado, 23, 24
freír, 10
fruta, 10
hervir, 10
hornear, 10
hospital, 7
hotel, 7
menú, 16, 19
mercado, 9
pastelero, 20
pescado, 10, 14, 23, 24
poissonier, 22
postres, 14, 19, 20-22
presentación, 12
primer cocinero, 15-20
receta, 11, 12, 28
restaurantes, 6, 14, 26
salsas, 15
sopas, 14
trenes, 7
uniformes, 24-26
vapor, 10
vegetales, 10, 13

## FOTOGRAFIAS

Cameramann International, Ltd.—8 (derecha), 13, 14 (izquierda), 15 (izquierda), 21 (izquierda), 26 (2 fotos)

Courtesy Cunard—16

© Dan D'Attomo—9 (2 fotos), 23 (izquierda), 29

Hillstrom Stock Photo:
  © Norma Morrison—7 (derecha)
  © Don y Pat Valenti—23 (derecha), 28

Historical Pictures Service, Chicago—4 (2 fotos)

Journalism Services:
  © Gregory Murphey—11 (izquierda)

Courtesy National Restaurant Association—25 (izquierda)

Tom Stack and Associates:
  © Sheryl S. McNee—7 (arriba y abajo a la izquierda)

Tony Freeman Photographs/Courtesy The Anaheim Hilton—8 (izquierda), 11 (derecha), 14 (derecha), 15 (derecha), 19 (2 fotos), 21 (derecha), 25 (derecha)

Courtesy WGBH Educational Foundation, Boston—27

© Art Pahlke—Portada

## SOBRE LA AUTORA

Ann Heinrichs Tomchek se crió en Arkansas. Recibió el grado de Bachelor of Music de la Universidad de Sta. María en Notre Dame, Indiana, y el grado de Master of Music, con especialización en piano, del American Conservatory of Music en Chicago. La Sra. Tomchek ha sido compositora, recitalista de piano y crítica musical, y sus artículos han aparecido en muchos periódicos y revistas. Actualmente trabaja como editora y escritora independiente y vive en Naperville, Illinois, con su esposo, que es cocinero.

A